PHRASEURS ET PROLÉTARIAT

PREMIÈRE BROCHURE

DU

PAYSAN RÉVOLTÉ

PAR

SÉVERIN FÉRAUD

CULTIVATEUR

DE

St-Pierre les Martigues (B.-du-R.)

Prix 15 centimes.

MARSEILLE

IMPRIMERIE INDUSTRIELLE

47, RUE DE LA ROTONDE, 47.

1884

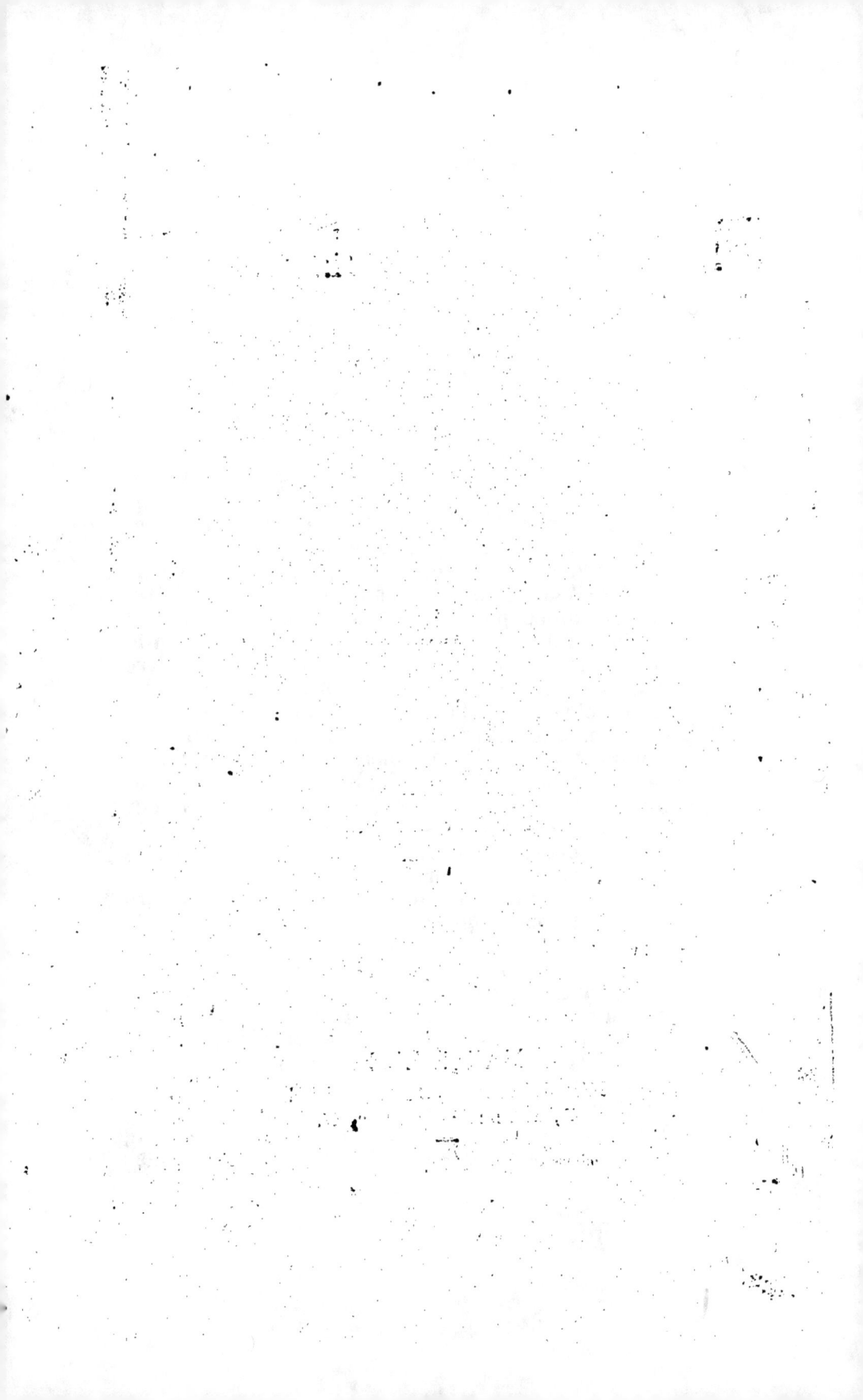

1

Vue les privations de toutes sortes auxquelles est
réduite la classe prolétarienne, il est du devoir de
chacun d'apporter, suivant ses forces, sa part de
lumière pour éclairer la cause de grande misère,
qui n'incombe que sur nous, les déshérités. Or, tout
ce qui est dépourvu de la propriété foncière ou pri-
vée, ou bien du système financier, est forcé de vivre
dans une situation misérable en manquant du nécessaire qui est confortable à la vie humaine; pourtant,
c'est nous, les travailleurs, qui produisons tout, ab-
solument tout. — La première, la principale chose,
servant à la satisfaction du besoin le plus urgent,
c'est l'agriculture ; et c'est justement le cultivateur
qui est un des plus délaissés, des moins privilégiés
de notre organisation actuelle; ce qui l'oblige à être
réduit aux dernières privations.

Les grands propriétaires disent qu'il manque des
bras à la campagne; il est incontestable que le
paysan est forcé d'émigrer dans les villes, puisque
en fouillant le sol pour un maitre, comme un esclave,
on ne lui donne pas un salaire suffisant pour le pré-
server de crever de faim. Que l'on fasse une statisti-
que de la moyenne de sa journée, pour savoir avec
quel salaire il est forcé de se nourrir, en tenant
compte du chômage qui est bien plus écrasant que
celui de certains ouvriers. Il pleut — il ne fait rien ;
la terre est trop humide — on le renvoit au lendemain;
il tombe de la neige — il faut attendre qu'elle fonde ;

il fait mauvais temps — il ne peut résister à la rigueur de la tempête; en attendant, il faut toujours manger. Et, quand on vit au jour le jour, combien y en a-t-il, qui, pendant ce terrible chômage, manquent d'un morceau de pain de seigle ou de quelques pommes de terre pour se les mettre sous la dent.

Vous pouvez me faire cette objection : et ceux qui sont aux gages? Lorsqu'on est marié et que l'on a une famille, il est impossible de prendre des engagements, parce que le fermier nourrit presque toujours, à cause que la nourriture est tellement mesquine qu'il ne la compte presque pas ; en somme, ceux qui sont au service mensuel ou annuel sont exploités de la même façon, par la raison bien simple que le bailleur de fonds lorsqu'il exploite en gros, alors qu'il peut faire quelques petites économies, cherche toujours à sucer la sueur de ceux dont il dispose pour son service.

La deuxième catégorie, qui est le plus grand nombre, soit de petits fermiers ou sous-fermiers, même ne pouvant ajouter les deux bouts, le capital foncier rapportant beaucoup moins que l'industrie ou le commerce, il résulte un fait palpable que, si la main-d'œuvre est aussi payée que celle de l'ouvrier ou du salarié du commerce, il ne reste plus rien au propriétaire ; comme ce dernier prétend toujours retirer des gros revenus, il flusto le fermier jusqu'au dernier degré; évidemment celui-ci tombe sur les valets qu'il a à son service, et s'il n'en a point, il supporte toute la souffrance en ployant son échine. On entend dire bien souvent : Mais à la campagne on passe avec beaucoup moins qu'à la ville ! Qui dit cela? Toujours ceux qui ont tout à souhait, qui n'ont jamais manqué de rien, car ceux qui tiennent un raisonnement pareil, s'ils avaient seulement l'ombre de bon sens, ils comprendraient que l'on a besoin de manger aussi bien des aliments confortables en plein champs comme à la ville, que l'on a besoin d'être aussi bien vêtu en campagne comme partout ailleurs, même davantage, puisque en plein air la température est plus dure ; en revanche nous faisons grâce à ceux qui ont la naïveté de faire la remarque que le campagnard évite les folles dépenses du spectacle théâtral, des orgies de table, des scandaleuses sociétés de femmes, des excès de boisson, enfin de tous les plaisirs orgueilleux au tempérament, louches à la vue, comme à l'ouïe et des plus nuisibles au moral et au corps. Tous ces superflus qui sont les occupations de tant de monde nous ne nous plaignons pas d'en être privés puisque nous voudrions les voir disparaître de parmi une société qui tout en se disant civilisée, tombe plus bas que celle que l'on prétend émancipée, et cela sous un masque hypocrite.

II

Que mes frères, les producteurs qui laissent leurs forces au patronat, ne m'en veuillent pas, j'ai pour principe de prendre toujours le côté du plus faible, c'est pourquoi j'affirme que la situation des paysans est celle d'une corporation plus nécessiteuse que grand nombre d'autres d'entre nous ; j'en ai fait l'expérience en personne ayant tant soit peu voyagé en France et à l'étranger, certes, loin de l'intention de chercher fortune, au contraire, ç'a été pour souffrir et pour tâcher de me rendre exactement compte par moi même de ce qui se passe dans la société. Autant que mes moyens, mes forces, mes connaissances me l'ont permis, j'ai fouillé partout où j'ai pu ; chez le riche, chez les personnes aisées, chez l'ouvrier, chez le manœuvre ; je suis descendu jusque chez celui que l'on désigne sous le nom de mendiant, sans oublier le dirigeant, l'écrivain, le chef, le subalterne et le salarié.

Or, le travailleur de la deuxième chose principale de la société c'est celui de l'industrie, celle-ci étant le complément de l'agriculture en lui venant en aide par son perfectionnement. Ainsi l'agriculture et l'industrie sont les deux premières bases d'une société, et les seules qui devraient exister. Le prolétariat qui perfectionne est divisé en deux catégo-

ries : l'une qui est occupée un certain laps de temps
à une spécialité, qu'on appelle vulgairement un métier ; c'est de ces ouvriers-ci que nous voulons dire
que leur sort est moins infortuné que le nôtre, quoique leur situation ne soit pas des plus brillantes
non plus ; mais à côté d'eux il y a leurs frères qu'on
appelle manœuvres, ce sont ceux-là, qui, eux aussi,
comme le paysan, souffrent le plus de l'exploitation
de l'homme par l'homme ; leur besogne à faire est
beaucoup plus pénible, plus dure que celle de leurs
compagnons, les artisans ; ceci n'est pas assez car
pour comble de malheur, le salaire du manœuvre
est moins élevé que celui des autres, ses journées
sont honteuses, il a beau chercher tous les moyens,
il est forcé de se réduire à des privations qui com-
promettent sa santé, qui le conduisent à une mort
lente.

Voilà l'organisation de notre société : les travailleurs, qui font le travail le plus éreintant, sont les
moins payés. Avec tout ça, on les accusera d'être
des ignorants, de ne point chercher à améliorer leur
sort ; mais à qui donc la faute si nous sommes des
ignorants, si nous n'avons reçu aucune instruction,
si les lettrés en ont une bien médiocre ; ce n'est point
à nos pères qui ont versé leur sang pour la bourgeoi-
sie lors de la grande révolution du siècle dernier,
c'est à la société à qui en incombe toute la responsa-
bilité. A coup sûr, si nous n'étions pas des ignorants,
l'on ne s'occuperait pas à chercher d'obtenir des ré-
formes que les politiqueurs de tout poil prétendent
nous donner et qui ne seront toujours que des pallia-
tifs pour les pauvres ; l'on s'occuperait, dis-je, en
masse, tous ceux qui souffrent de l'exploitation, de
revendiquer intégralement tous les droits qui nous
sont dûs, au lieu de nous arrêter aux balançoires des
demi-mesures.

III

Mais pour comprendre cette vérité : que tout ce qui
existe appartient aux producteurs, il faut tâcher de
reconnaître l'organisation et l'idéal de notre société,

qui est tellement fausse, tellement couverte de mys-
tères, trompeuse avec ses apparences de bienveil-
lances pour le pauvre, que, d'après mon petit jugement, il y a bien peu de vrai dans tout ce qui se
débite parmi les gens. — Et c'est seulement quand
l'on commence de reconnaître, que l'on comprend
que l'on ne sait rien; ce n'est que lorsqu'on s'est
rendu compte des faits que l'on peut en constater la
fourberie, en détruire les illusions que l'on se faisait
avant de l'avoir vu de ses propres yeux et y avoir
passé. Ainsi, le plus grand mal du prolétariat con-
siste en ce qu'il est d'abord trompé par la presse, car
aucun journal ne dit exactement la vérité; le Bulletin
politique est comme tous les autres ni plus ni moins
que l'opinion de celui qui l'écrit, ou le fait écrire,
c'est toujours la pensée des intéressés, du propriétaire ou du souteneur du journal, qui parlent suivant
leurs intérêts personnels; c'est ainsi qu'ils font
ressortir les choses.

La bonne foi du lecteur, qui n'a pas été initié dans
ce qui se tripote dans le journalisme, est naturelle-
ment trompée; tout est exagéré, inventé ou tourné
en sens contraire; un exemple entre tous: Lisez un
compte-rendu de réunion ou un fait-divers quel-
conque dans plusieurs organes de différents partis;
vous vous rendez facilement compte de ce que
j'aance, en n'y lisant jamais la même moralité;
pourtant ça a été toute la même réunion, ça a été tout
le même fait-divers qui s'est passé. D'où vient donc
que ce n'est point le même compte-rendu? on ne peut
dire autrement que : chaque feuille, c'est-à-dire chaque intéressé prétend imposer ses idées, c'est-à-dire
ses intérêts au peuple.

Partout, où j'ai passé, je me suis plû a lire un grand
nombre de journaux, je me suis fait aussi un grand
devoir d'assister à toutes les réunions publiques et
drivées où j'ai pu être admis. Croyez-vous que le
lendemain dans les journaux de la localité et le sur-
lendemain dans ceux du dehors je lisais ce que j'avais
entendu et appris dans les dites réunions? certes non;

comme je viens de le dire, chacun faisait sa part bonne et toujours de son côté. Les feuilles qui n'étaient point de l'opinion de la réunion ou qui n'y trouvaient pas leur intérêt, n'en savaient dire assez de mensonges, elles tournaient en sens contraire le fond de ce qui s'était passé ; quant à celles dont on avait débité les idées, ou suivi la tactique, elles exagérèrent tellement par des phrases flatteuses les paroles qui avaient été prononcées, elles ornaient le tout de telle façon que l'on ne trouvait des faits plus rien d'exact dans leurs colonnes ; donc aussi bien dans les unes comme dans les autres, il n'y a que des racontars, faits dans leurs propres intérêts personnels ; ce qui nous prouve que nous sommes bel et bien trompés par ce qu'on appelle les journaux. D'ailleurs, ça n'est pas seulement en France que je me suis livré à cette expérience mais aussi en Angleterre, en Suisse, en Espagne etc, etc , partout c'est la même rengaine mensongère, ce qui laisse évidemment supposer qu'il doit en être de même où je n'ai point passé.

Pour plus amples renseignements, je tiens à vous faire la remarque, en passant, que je suis nourri dans la voie du journalisme. Dans ma petite localité nous avions créé un journal révolutionnaire sous le titre *Le Paysan Révolté.*

Ayant pris la gérance et la direction de cette petite feuille bi-mensuelle, avec toute ma bonne foi, ignorant bien des choses que j'ai apprises au cours de cette publicité, j'ai fait l'expérience que le proverbe qui dit : « Il faut passer aux affaires pour les connaître », n'est point faux. Le lecteur pourra m'objecter : mais alors vous étiez aussi Jean-foutre que vos confrères lorsque vous administriez votre feuille ! Certes, comme j'écris non pour en faire un métier, mais tout simplement pour communiquer toutes les petites connaissances que mes faibles moyens m'ont permis d'acquérir, je ne veux rien laisser ignorer à tous ceux qui, comme moi, souffrent de l'exploitation des parasites dans l'organisme

actuel, ne voulant point imiter certains hommes de
lettres soi-disant de mérite qui, malgré tout leur
style coulant et leurs belles phrases, ne viennent
point vous apprendre avec la franchise la plus sincère
ce que votre serviteur pourra vous dire, quoique
ses écrits n'auront pas ce qu'on appelle une belle
bordure; mais l'étoffe ne sera pas moins bonne,
sinon supérieure par sa qualité naturelle.

IV

Donc, j'avoue que dans notre journal rien n'a été
exagéré à dessein de tout ce qu'y avait été écrit!
si quelques articles ont pu être exagérés, inventés
ou tournés en sens contraire, c'est que ma bonne foi
a été surprise et que j'ai été induit en erreur, croyant
qu'il le fallait, que c'était urgent; or, aujourd'hui je
comprends qu'il n' y a aucune urgence à tromper le
prolétariat; c'est pourquoi je me dispose par une
série de brochures de dévoiler tous les points noirs
dont les malheureux ignorent l'existence.

Lors de la publication du journal en question, mon
but était de tâcher de faire comprendre aux volés,
que la société était mal organisée, qu'il est plus qu'urgent qu'il se fasse une transformation sociale par le
moyen d'une révolution prolétarienne. Mes idées n'ont
point changées, ma tactique est toujours la même : le
pauvre sera toujours tondu par le riche, celui-ci dût-
il employer des moyens violents si l'autre veut se
soustraire tout paisiblement, donc — point de possi-
bilité d'échapper à cette exploitation sans les moyens
violents, hors de là point de liberté égalitaire.

En effet, mes études sur la cause de notre misère
me guident à agir avec franchise à l'égard de ceux
qui sont atteints de cette misère, avoir le cœur sur les
mains, puisque, une fois que l'on sait une foule de
choses sur les fourberies qui se passent dans la société, l'on comprend, avec ces connaissances, aisé-
ment la cause de nos maux ; ce qui fait que tous ceux
qui ne sont pas envieux de se mettre à la tête du mou-

vement populaire, comme beaucoup le font, et de laisser subsister la cause de nos souffrances, pareils aux privilégiés et gouvernants, tout en criant à ceux-ci : *Ote-toi de là, que je m'y mette !* que tous ceux, qui agissent avec désintéressement, prendront inévitablement une part des plus actives comme elle incombe à chacun personnellement dans ce mouvement populaire. C'est précisément pour cela qu'il est plus que nécessaire que les corporations les plus malheureuses, qui sont aussi, à mon grand regret, les plus ignorantes sur le terrain économique, doivent tout savoir.

Il ne faut pas oublier non plus que la classe prolétarienne est composée de deux éléments bien distincts l'un de l'autre. On est beaucoup plus éloigné entre ceux qui ont vraiment l'amour-propre du travail et ceux qui, en revanche, ne travaillent que par force, c'est-à-dire, n'envient que l'orgueil et l'oisiveté qui a toujours pour résultat l'ambition ; qu'on ne l'est entre celui qui a un métier et celui désigné : sans profession, je suis de ceux qui pensent que toutes les corporations se mettront facilement d'accord pour la production collective, pourvu qu'on aie l'amour du travail, pensant de même qu'une fois qu'on aura mis à découvert nos faux frères, les fainéants, l'union ne tardera pas à se faire pour déclarer une guerre générale à notre ennemi commun.

De nos faux frères, un grand nombre se trouve parmi les écrivains qui disent : Ma plume, c'est mon outil ! Cette espèce de prostitués est toujours prête à remplir les colonnes de n'importe quel journal en y semant les idées les plus nuisibles au prolétariat, pourvu qu'on les paye bien ; ce sont des malheureux dont il faut se méfier, tenez en compte. En outre il ne faut pas oublier de prendre garde aussi à ceux qui appartiennent aux déshérités et que nos ennemis, les chefs, choisissent pour en faire les surveillants pendant le travail de leurs compagnons de chaîne, n'importe à quelle corporation qu'ils appartiennent, et qui ont pris l'engagement, comme les gardes-

chiourmes, de rapporter aux *maîtres* la moindre as-
piration et le moindre soupir des forçats des bagnes
capitalistes : c'est encore une caste à tenir en sus-
pection, prenons y garde. Je ne suis point de ceux qui
mettent toute une catégorie en accusation du mo-
ment que l'on est obligé de ployer au service du patronat, ce qui force quelquefois à faire toutes les singe-
ries imaginables sous peine de crever de faim, mais,
au moins, ne dites et ne faites rien qui porte entrave
à l'obtention de nos droits. Et, comme pour comble
le plus grand nombre d'eux est de ceux qui prétendent être les émancipateurs du peuple, l'on est en
plein droit, je le crois, de les mettre à nu, pour que
chacun se méfie d'eux, comme des êtres les plus
dangereux de la grande famille prolétarienne et les
moins utiles, ne voulant point dire, par délicatesse,
inutiles.

V

En poursuivant les causes de l'erreur dans laquelle
est induit le peuple, nous trouvons que ce ne sont pas
seulement les journalistes qui ont l'habitude ou le
tempérament de falsifier les faits. Pensez-vous que
les historiens soient plus sérieux ? c'est tout la même
rengaine. En vérité, il n'y a pas plus de réel dans les
écrits des uns comme dans ceux des autres. J'ai cher-
ché à m'instruire en lisant beaucoup ; assez souvent
même, j'ai fait le sacrifice de lire la même histoire,
soit celle de la Révolution de 89, soit d'autres, trois
et quatre fois, écrites cependant par différents auteurs ; c'est ainsi que j'ai pu me convaincre que les
faits publiés par tel historien ou tel autre, n'avaient
point le même sens. Les uns font ressortir que la
monarchie avait raison ; les autres que c'est les bour-
geois ; enfin, vous trouverez rarement que les événe-
ments, qui ont eu lieu se ressemblent chez deux historiens différents, ce qui prouve qu'aussi bien chez
les historiens, comme chez les journalistes, les faits
ont été racontés suivant l'opinion, c'est-à-dire l'intérêt, de celui qui les raconte. Aussi est-il évident que

ce qu'on y peut lire ne repose sur rien d'authentique. Je ne dis pas que quelques-uns n'aient pas eu l'intention d'agir de bonne foi, mais, en tenant compte des préjugés de la société, presque tous doivent être mis en doute ; en effet, ils sont bien rares, les auteurs de n'importe quel ouvrage que ce soit, qui ont été témoins des faits qu'ils racontent ; or, ils ont été obligés de puiser ces renseignements sur des écrits de ceux qui avaient le mauvais vouloir ou qui s'étaient laissés entraîner par tempérament à l'opinion qu'on leur a inculquée dans le cerveau. Voilà pourquoi l'écrivain qui serait dans l'intention de n'écrire que ce qui est exact, est trompé malgré lui, et trompe le lecteur malgré sa bonne volonté.

Une autre remarque à l'appui de notre dire : est-ce que tous les gouvernements, à toutes les époques, n'ont pas eu prise sur les paperasses de toute sorte ? n'y a-t-il pas toujours eu une loi sur la presse ? le livre n'a-t-il pas toujours été soumis à la sanction plus ou moins directe des dirigeants ? Pendant la révolution même, l'on n'était point libre d'écrire ce que l'on pensait, et cela sous peine de mort. Il est vrai qu'en tout temps, il s'est trouvé des écrivains de toute sorte qui, bravant ce que l'on appelle la loi, et même la mort, ont écrit selon leur entendement. Mais, la plupart du temps il y a eu des limites et si quelqu'un a développé toute la vérité concernant les agissements des gouvernements ou des privilégiés, l'écrit, une fois publié, a été saisi pour le faire disparaître.

C'est pourquoi il est bien extraordinaire de mettre la main sur une histoire authentique, à moins qu'elle n'ait été imprimée clandestinement, et comme les livres de contrebande ne tombent pas entre les mains de tout le monde, surtout entre les mains calleuses, je puis dire, une fois de plus, que l'on ne peut pas accorder une grande importance à tout ce qui se trouve dans ces immensités d'histoires en voie de publication comme celles que j'ai fouillées dans ces énormes bibliothèques publiques, surtout à Paris. Ceux qui comme moi auront feuilleté aux heures de

repos pourront plus facilement apprécier ce que
j'avance.

En somme, ne perdons pas de vue tous ceux qui
ont usé leurs pantalons sur les bancs d'une école
jusqu'à l'âge de puberté; bien souvent les individus font ressortir la misère des pauvres pour
se servir d'eux de marchepied en inventant l'intri-
gue des délégations de mandataires de toutes
espèces, sachant par avance que toutes ces dé-
marches ne sont ni plus ni moins qu'une farce vis-à-
vis de ceux qui les envoient, farce fructueuse pourtant pour ceux qui acceptent ces *charges*. Malheu-
reusement le plus grand nombre des travailleurs
ignorent qu'en délégant un des leurs auprès de l'ennemi, ils risquent de perdre un combattant. Tous les
hommes sont plus ou moins faibles devant le bien-
être, égoïstes envers leurs semblables; ce sont les
mauvaises institutions de la société qui nous ont fait
ainsi; il faudra vaincre bien des obstacles pour sur-
monter les préjugés qui en découlent. Or donc, il
résulte qu'en ayant la tâche de s'aboucher avec l'ennemi en parlementaire, on est forcé de prendre des
manières, d'avoir des attitudes de bienveillance, et
bien souvent le maitre séduit le valet en lui offrant
une place au banquet des privilégiés; voila que la
capitulation est conclue au détriment des mandataires.

Le meilleur moyen de gérer ses affaires, c'est
de les faire soi-même. Lorsqu'on va demander,
c'est pour obtenir; eh bien, on y va soi-même,
l'on ne dit pas que c'est impossible, *vouloir c'est
pouvoir*.

Ce ne sont que nos mauvaises habitudes qui nous
empêchent d'agir comme l'on devrait, ce sont les
illusions que l'on se crée qui font douter de soi-
même; en un mot, ce sont les apparences trom-
peuses, extérieures qui nous effrayent. Le moyen
le plus sûr pour ne pas être trompé et le plus certain
pour réussir dans nos affaires, c'est de nous mettre
tous à l'œuvre, au lieu de désigner quelqu'un d'entre

nous pour les gérer. Allons tous porter notre part
d'idées — et de force au besoin, alors nous serons
sûrs d'appliquer aux grands maux les grands
remèdes.

VI

Le livre autre que l'histoire est si peu dans les habitudes du prolétariat, que je renverrai à plus tard
cette partie; ce n'est pas une fois que l'on saura
qu'un mot, qui n'est pas reconnu dans une langue et
qui a été dit par un soi-disant grand personnage, a
été classé d'emblée dans le dictionnaire de l'Acadé-
mie, que cela avancera la solution de la question
sociale; quant à moi, cela m'intéresse très-peu. C'est
tout comme celui qui parle bien, avec des expressions
raffinées en littérature, mais mauvaises en humanité.

Que tous ceux qui sont bien pensant ne perdent pas
leur temps à parler et à écrire correctement ; pourvu
que l'on se fasse comprendre, c'est suffisant ; une fois
que l'on s'entend, c'est de la pure vanité que de re-
chercher une fine expression. — Quoique j'ai apprécié
que l'éloquence était un levier puissant pour le soulè-
vement du peuple, je veux pourtant faire remarquer
au lecteur que celui que l'on désigne sous le nom d'o-
rateur fait rétrograder la plupart du temps notre
émancipation en tendant des pièges pour réussir à
satisfaire des intérêts personnels. Si les journalistes
écrivent à tant la ligne, les orateurs parlent à tant la
phrase, c'est ce qui a toujours été la cause dans les
révolutions que le peuple a été victime de ces flatteurs.
Si les pauvres, au lieu d'écouter parler dévotement,
comme dans un culte, raisonnaient entre eux-mêmes,
si chacun communiquait son petit jugement, l'on ne
tarderait pas à ne plus être à la remorque des dirigeants dans un état de servitude. Que l'idée, la connaissance du premier venu ne soit pas aussi étendue
que celle du spécialiste qui a fait de sérieuses études
oratoires, soit, mais en mettant tous la main à la pâte,
avec notre part d'intelligence, peu à peu l'on arrivera
à se pétrir soi-même du pain et alors on se passera

d'un spécialiste d'orateur, duquel il dépend de nous empoisonner tous dans une réunion.

Dans les nombreuses réunions auxquelles j'ai assisté, j'ai toujours eu pour habitude de tâcher de suivre de près avec beaucoup d'attention ceux qui prenaient la parole et j'avoue avec regret qu'il m'a été bien rarement donné d'en observer de sérieux d'abord, de désintéressés ensuite.

Le sérieux qui parle par dévouement, malgré toute sa bonne volonté, penche toujours du côté d'où viennent les applaudissements, ce qui ne devrait pas exister chez quelqu'un d'austère ; peut-être est-ce une illusion consciencieuse qu'il se fait en recherchant les moyens de se faire goûter de l'auditoire. Certes, d'avoir le cachet de se faire écouter, cela ne constitue pas une trahison, mais de changer de langage selon le milieu où l'on se trouve, c'est de la pure lâcheté. En somme, presque tous les orateurs de profession qui suivent les réunions, ont pour habitude, avant d'aller s'exposer au public, de s'informer, auprès des organisateurs de la réunion, de l'opinion générale de l'auditoire ; si c'est dans un grand centre, l'on cherche toujours les milieux bien suivis et cela avec quelque hésitation. Combien a-t-on vu d'orateurs qui, faute d'avoir eu des renseignements suffisants, une fois sur le terrain, en entendant les murmures des spectateurs, changaient immédiatement d'attitude ; ce que j'avance est d'ailleurs un fait assez commun et connu.

Il est aussi très fréquent que, lorsque le causeur frappe au vif ceux qui l'écoutent, il revient et appuie de tout son savoir sur ce qu'il vient de dire, si, par contre, les assistants restent froids devant certaine question il tâche de la remanier d'une autre façon, ou il la traverse à vol d'oiseau, ce qui prouve que, si ceux qui ont la prétention d'instruire les autres par la parole étaient bien fondés dans leurs idées, ils feraient leurs discours dans le même sens n'importe où qu'ils se trouveraient, et en présence de qui ils parleraient.

Ce qui est étrange aussi, c'est que la plupart se servent d'expressions tellement bourgeoise et d'une manière de parler tellement obscure que très peu de ceux qui les entendent comprennent l'importance de leurs phrases. On me dira peut-être que, pourvu que quelques-uns saisissent leur idée, ils la communiquent à leurs collègues et ainsi de suite ; mais toute cette tactique de faire et de dire est douteuse ; que l'on parle explicitement et avec franchise, que l'on tâche toujours de son mieux de faire comprendre ce que l'on veut dire et où l'on veut en arriver. Certes, ce n'est pas bien difficile de se faire applaudir au milieu de ceux qui ne comprennent point ; avec le tempérament qu'elle a, la masse populaire qui souffre, pourvu qu'elle voie toute une tenue pontificale et entende une parole tant soit peu correcte, s'empresse d'apporter ses bravos, car l'ignorance n'est bonne que pour récompenser la bêtise ou les duperies de ceux qui les commettent.

Ainsi, personnellement, je trouve les applaudissements nuisibles au progrès, puisque encourager celui qui vous charme par son éloquence, c'est livrer parfois une décoration à celui qui ne la mérite guère, et comme je ne partage point du tout le goût des récompenses, je trouve que le moyen le plus sûr pour ne pas se tromper, c'est de garder le silence devant ces sortes de péroraisons avant de les avoir réfléchies et étudiées avec attention, en portant à la connaissance de ceux qui l'ignorent que le rôle des applaudisseurs des réunions, publiques et privées est le même que celui que jouent les individus à qui l'on paie des places de claque au théâtre pour battre des mains afin d'entraîner la foule à les imiter. Dans les réunions, les intéressés, les amis, donnent le signal, et la plupart les suivent sans avoir compris ce qu'ils viennent d'entendre.

Ne jouons donc point le rôle du claqueur.